老照片
总统府旧影

刘晓宁　肖　木　编

南京出版传媒集团
南京出版社

图书在版编目（CIP）数据

老照片·总统府旧影 / 刘晓宁，肖木编. -- 南京：南京出版社，2018.6

ISBN 978-7-5533-2173-8

Ⅰ.①老… Ⅱ.①刘… ②肖… Ⅲ.①国民政府－纪念地－南京－图集 Ⅳ.①K878.23-64

中国版本图书馆CIP数据核字（2018）第052223号

书　　名：老照片·总统府旧影
作　　者：刘晓宁　肖　木
出版发行：南京出版传媒集团
南　京　出　版　社
社址：南京市太平门街53号　　邮编：210016
网址：http://www.njcbs.cn　　电子信箱：njcbs1988@163.com
天猫1店：https://njcbcmjtts.tmall.com/　　天猫2店：https://nanjingchubanshets.tmall.com/
联系电话：025-83283893、83283864（营销）　025-83112257（编务）

出 版 人：项晓宁
出 品 人：卢海鸣
责任编辑：徐　智
丛书策划：卢海鸣
装帧设计：王　俊
责任印制：杨福彬

排　　版：南京新华丰制版有限公司
印　　刷：南京凯德印刷有限公司
开　　本：787毫米×1092毫米　1/16
印　　张：10
字　　数：136千
版　　次：2018年6月第1版
印　　次：2018年6月第1次印刷
书　　号：ISBN 978-7-5533-2173-8
定　　价：36.00元

天猫1店　天猫2店

上架建议：历史　文化

目 录

前 言

总统府，位于今南京长江路（1949 年前曾称“国府路”“林森路”）。历史上曾有四次沿用此名称。一次是 1912 年 1 月 1 日，孙中山在这里就任中华民国临时大总统，并以此为总统府。一次是 1916 年 11 月，江苏督军冯国璋在这里就任中华民国副总统，人们又习惯将督军署称作总统府。还有一次，是国民政府主席蒋介石在 1948 年 4 月当选为中华民国总统，5 月，将国民政府改称总统府。另 1949 年 1 月 21 日，李宗仁出任中华民国代总统，这里仍称为总统府。

据近期考古发现，总统府位于六朝建康宫城的核心区域，其西北角就是宫城的华林苑；东南角和西南角，又发现了宫城的城垣、御道、城壕、桥梁、大型夯土建筑基址等诸多遗迹。

总统府在史书中的文字记载，可以追溯到明朝初年。

在统一全国的战争中，朱元璋击败占据武汉的陈友谅，封其子陈理为归德侯。明洪武元年（1368），下令陈理仍袭其父陈友谅的汉王封号，并在明朝宫殿西侧辟一幽静处为汉王府。

不久，陈理被贬。洪武十年（1377），朱元璋又将这座王府赏给立有战功的养子沐英。沐英死后被追封为黔宁王，故又称黔宁王府。

明永乐年间，成祖朱棣迁都北京，其次子、汉王朱高煦在此二次设府，仍称汉王府。永乐十五年(1417),朱高煦谋反被贬。此后,汉王府一直被闲置。

清朝建立后,为保证税赋收入,先后设立了治理南方数省的政权机构——江南总督署和两江总督署。两署均以此作为衙署。林则徐、曾国藩、李鸿章、左宗棠、张之洞、沈葆桢等人均任过两江总督，先后共有百任。

清朝历史上著名的曹氏家族，因曹玺、曹寅得宠于康熙帝，被封为江宁织造。清廷划两江总督署西南侧地块为江宁织造府。康熙帝六次南巡，有五次下榻在江宁织造府，遂有“行宫”之称。今天的大行宫即由此而得名，一直沿用至今。

后因开罪于雍正帝,江宁织造被废,曹家被抄没,织造府并入两江总督署。

乾隆八年(1743)，乾隆帝首次南巡。两江总督尹继善为迎圣驾，将原江宁织造府行宫进行大规模扩建。至乾隆十六年(1751)，行宫扩建工程始告完成。一时间，窗楹楝宇，鱼跃鸢飞，成为江南名胜。当时，南京流传有一段佳句曰：

江南好，第一是行宫，辇路草长含晚碧，御街花嫩发春红，驻跸记乾隆。

1853年3月19日，太平军一举攻占南京，改称天京，定为国都。洪秀全自封天王，割据一方，与清朝政府分庭抗礼。天国在原清两江总督署原址大兴土木，开始建造规模宏大的天朝宫殿(俗称“天王府”)。经数年的营造，天王府已是殿阙巍峨，金碧辉煌，方圆数里，可谓穷奢极欲。

1864年7月19日，清军攻破天京，焚烧天朝宫殿。只可惜，“十年壮丽天王府，化作荒庄野鸽飞”，仅存一石舫底座。之后，曾国藩上奏清廷，请求在太平天国天王府的废墟上重建两江总督署，同治帝特准拨款。重建后的两江总督署，沿袭了原总督署的规模和规制，修建了大门、东西辕门、照壁以及大堂、二堂等建筑，并复建了东、西花园，基本形成了今天的建筑格局。

1911年10月，辛亥革命爆发。12月，江浙联军光复南京。十七省代表选举孙中山为中华民国临时大总统。

1912 年 1 月 1 日，孙中山在原清两江总督署宣誓就任中华民国临时大总统，并组建了中华民国临时政府。这里成为中国历史上第一个共和国的总统府所在地。孙大总统的办公室，就设在西花园的西花厅。1912 年 4 月 3 日，孙中山解职离开了总统府。

之后，北洋政府在此设立留守府，任命黄兴为留守。数月的工夫，留守府被取消，仍改为都督府，以原江苏都督程德全为都督。在以后的十多年中，都督府中建筑依旧，但各路“豪杰”纷纷在此登场角逐，政权的更迭极为频繁。

1913 年 6 月，黄兴发起讨袁之役，在此设立讨袁军总司令部，结果兵败。湖北《大江报》主笔何海鸣自称讨袁军临时总司令，三度占领都督府。

9 月 1 日，辫帅张勋攻入南京，剿灭讨袁军，复称都督府，自封江苏都督。

1913 年 12 月，直系军阀冯国璋取张勋而代之，先任都督，继任将军、督军，再任副总统。

1917 年，冯国璋“荣升”北上，推举江西督军李纯继任江苏督军。李纯在督军署自杀身亡后，另一军阀齐燮元又攫取督军之位，直至 1924 年。

同年 9 月，“齐卢之战”爆发。浙军卢永祥部开入南京，改督军署为宣抚使署。仅数月后，卢永祥又让位给实力强劲的对手、奉系军阀杨宇霆。这里遂称为江苏督办公署，杨自任督办。

1925 年秋，直系军阀孙传芳驱兵金陵，孙即号称苏浙皖赣闽五省联军总司令，以此为总司令部。

1927 年 3 月，北伐军兵临南京城下。军阀张宗昌为抵抗北伐军，在此设立了直鲁联军联合办事处。但这一机构只存在了不到 10 天。

3 月 23 日，北伐军攻克南京，以原督军署为国民革命军和北伐军总司令部。

1927 年 4 月 18 日，国民政府成立，以南京为首都，在原临时参议院办公。

9 月，国民政府迁至此处，并以这一建筑群作为府邸。

1928 年 10 月，国民政府实行“五院”制，辟国府东院（东花园）为行政院，国府西花园为国民政府参谋本部和主计处。

1932 年，淞沪战争爆发。1 月 31 日，国民政府“移驻”洛阳。同年 11 月迁回。

1937 年卢沟桥事变后，日军兵临南京。11 月 16 日，国民政府迁都重庆。

1927 年至 1937 年的十年中，谭延闿、蒋介石、林森先后任国民政府主席，均以此为办公处。谭延闿、宋子文、蒋介石、陈铭枢（代理）、孙科、汪精卫先后任行政院长；李济深、何应钦、朱培德、蒋介石、程潜先后任总参谋长；陈其采为主计长。

1937 年 12 月，南京沦陷。国民政府被日军第 16 师团占为本部驻地。以后，伪维新政府行政院在此设立。汪精卫的伪国民政府成立后，在此设立了监察院、立法院、考试院，国府东院（原行政院）则成为伪交通部和铁道部。

1946 年 5 月，国民政府从重庆还都南京，仍以此为国民政府。国府东院辟为社会部、地政部、水利部和侨务委员会。西花园则先后作为国民政府主计处、军令部和首都卫戍总司令部。

1948 年 4—5 月，蒋介石、李宗仁分别当选并就任总统、副总统，国民政府则改称为“总统府”。

1949 年 1 月 21 日，蒋介石下野，由李宗仁代理总统。

1949 年 4 月 23 日，南京解放，4 月 24 日凌晨，人民解放军第三野战军 8 兵团 35 军 104 师 312 团官兵占领总统府，从此，总统府跨入新纪元。

六百年的历史弹指一挥间。今天，总统府已成为南京中国近代史遗址博物馆。

本书选取百年间总统府的珍贵老照片，直观地反应了这座世界著名历史建筑群的风雨沧桑，以及中国近代历史的风云变幻。受时代的局限，本书中的个别篇章没有老照片存世，因此采用了图片代替，这是需要说明的。

太平天国天朝宫殿（天王府）

1853年3月19日，太平军沿长江东下，攻克江宁（今南京），易名天京并定为都城。太平天国在这里进行了一系列反对清王朝的政治、军事、经济活动。天王洪秀全在清朝两江总督署原址兴建了气势巍峨、壮丽辉煌的天朝宫殿（天王府）。1864年7月19日，清军攻陷天京，天朝宫殿被焚毁殆尽，『十年壮丽天王府，化作荒庄野鸽飞』。

英国人呤唎所著《太平天国亲历记》中的洪秀全像

太平天国天朝宫殿崇圣殿（英国传教士卡拉摩萨绘制）

天王玉玺印文

天王旨准玺拓本

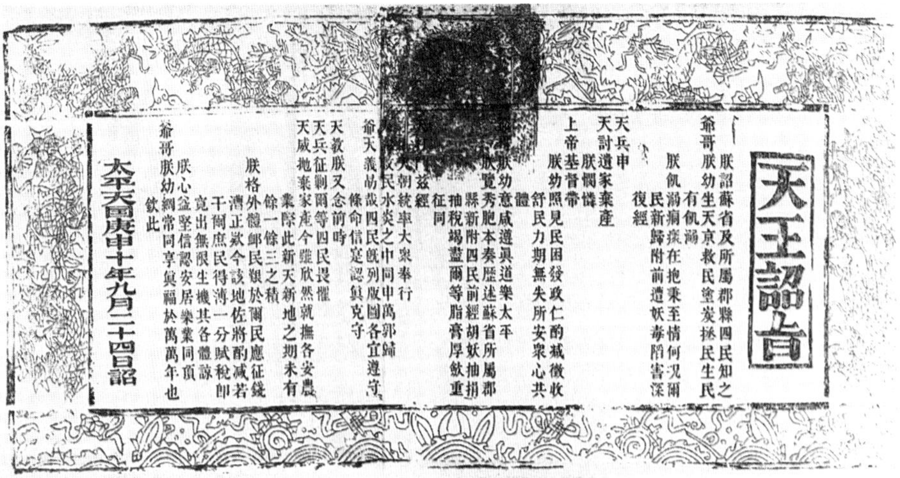

天王詔旨

朕詔蘇省及所屬郡縣四民知之
爺哥朕幼生天京救民塗炭拯民生民
有飢溺
朕飢溺痌瘝在抱秉至情何况爾
民新歸附前遭妖毒陷害深
復經
天兵申
天討遺家棄產
朕憫憐
上帝基督帶
朕幼照見民困發政仁酌減徵收
舒民力期無失所安衆心共
體
朕幼意咸遵真道樂太平
朕覽秀胞本奏歷述蘇省所屬郡
縣新附四民前經胡妖抽捐
抽稅竭盡爾等脂膏厚斂重
征同
茲經
天朝統率大衆奉行
救民水炎之中同中萬郭歸
爺天義[illegible]哉四民既列版圖各宜遵守
條命信寔認真克守
天教朕又念前時
天兵征剿爾等四民畏懼
天威拋棄家產今雖欣然就撫各安農
業際此新天新地之期未有
餘一餘三之積
朕格外體卹民艱於爾民應征錢
漕正款今該地佐將酌減若
干俾庶民得薄一分賦稅即
寬出無限生機其各體諒
朕心益堅信認安居樂業同頂
爺哥朕幼綱常同享真福於萬萬年也
欽此

太平天国庚申十年九月二十四日詔

天王诏书

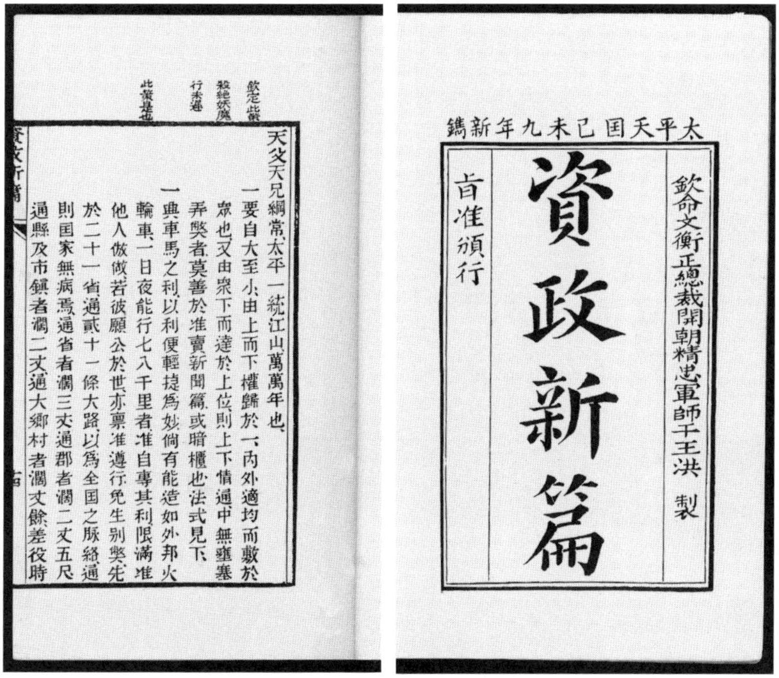

太平天国己未九年新鐫

欽命文衡正總裁開朝精忠軍師干王洪 製

資政新篇

旨准頒行

欽定此策
殺絕妖魔
行未遲
此策是也

天父天兄綱常太平一統江山萬萬年也

一要自大至小由上而下權歸於一內外適均而敷於眾也又由眾下而達於上位則上下情通中無壅塞弄弊者莫善於准賣新聞篇或暗櫃也法式見下

一興車馬之利以利便輕捷為妙倘有能造如外邦火輪車一日夜能行七八千里者准自專其利限滿准他人仿做若彼願公於世亦禀准遵行免生別弊先於二十一省通貳十一條大路以為全国之脉絡通則国家無病焉通省者闊三丈通郡者闊二丈五尺通縣及市鎮者闊二丈通大鄉村者闊丈餘差役時

《资政新篇》刻本及天王洪秀全批语

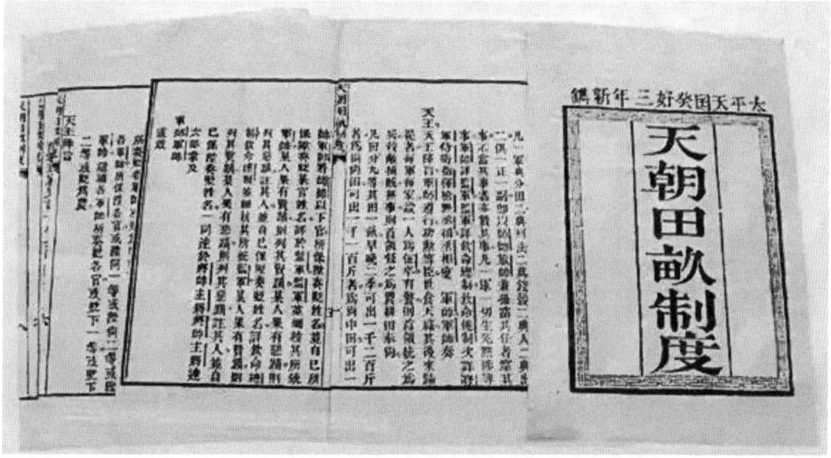

太平天国癸好三年新鐫

天朝田畝制度

太平天国的《天朝田亩制度》

太平天国时期绘制的天国妇女像

太平天国尊崇上帝教，这是太平天国组织举行宗教活动时的场景（英国人呤唎所著《太平天国亲历记》中的绘画）

1864年7月19日，清军攻陷天京的《焚烧天朝宫殿图》（清人彭鸿年所绘）

天朝宫殿残存建筑构件

清朝两江总督与总督署

清朝两江地区包括江苏（含上海）、安徽、江西，有『东南锁钥』『财赋重地』之称。两江总督是该地区最高长官，始设于雍正四年（1726），至宣统三年（1911）十二月，历经百任，均由清廷重臣担任。两江总督署位于江宁城中原明朝汉王府旧址，太平天国后重建。

林则徐，曾任两江总督。著名爱国政治家，厉行禁烟并主持“虎门销烟”

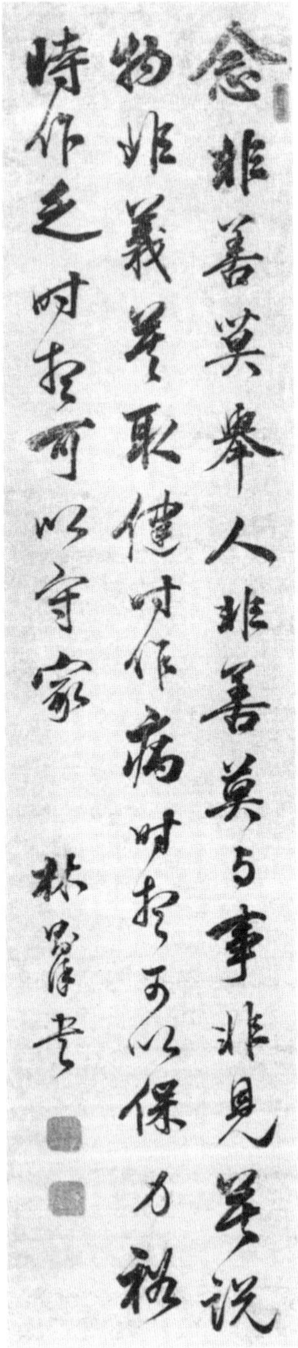

林则徐书写的行书

曾国藩，曾四任两江总督，著名政治家，中国近代军阀的创始人

曾国荃，曾任两江总督，湘军将领。1864年率军攻陷太平天国都城天京

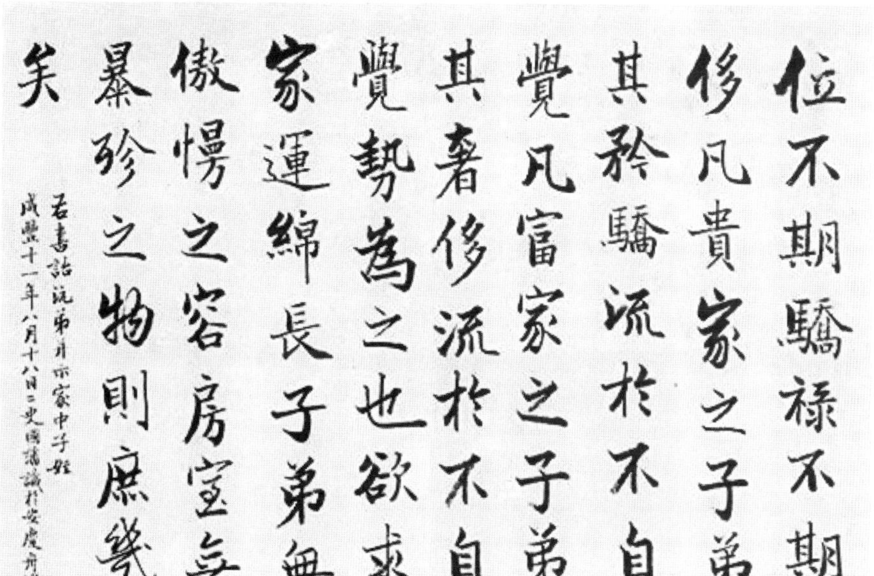

曾国藩手书家训（节录）

左宗棠，曾任两江总督，洋务派首领，率军收复新疆

沈葆桢，曾任两江总督。1874年曾奉命率海陆军巡视台湾，迫使日军退出

张之洞，曾任两江总督，洋务派代表人物之一。曾编练江南自强军，支持维新运动

张之洞在督署办公

李鸿章，曾任两江总督。洋务派首领，国营招商局创办人

李鸿章创建的金陵机器局

魏光焘，曾任两江总督。在南京创办三江学堂，首开近代江苏高等教育之先河

刘坤一，曾任两江总督。甲午战争北洋水师全军覆灭后，曾力主对日继续作战

端方，曾任两江总督。任上曾积极致力新政，开办南洋劝业会

两江总督端方接见外国使节

张人骏，末任两江总督。1911年12月，在江浙联军光复南京之役中兵败

清朝两江总督署东墙远眺（远处为“御书楼”，近处为宁省铁路及箭道车站）

清朝两江总督署西花园石舫，系乾隆十一年（1746）两江总督尹继善为迎乾隆下江南所建。乾隆曾题赐“不系舟”。近处为夕佳楼

两江总督署东、西辕门，分书“三省钧衡”“两江保障”

孙中山与总统府

1911年12月2日，江浙联军光复南京。12月29日，十七省代表选举孙中山为中华民国临时大总统。1912年1月1日，孙中山宣誓就职，并在清朝两江总督署设立总统府。孙中山创建了共和制的国家政权——中华民国临时政府，进行了一系列政治、军事和社会变革。清帝退位后，孙中山辞去了临时大总统一职，于4月3日解职离开总统府。孙中山在总统府工作、生活了94天。

江浙联军总司令徐绍桢

光复后的两江总督署辕门

林述庆率镇军最先攻入南京

林述庆在两江总督署西花厅设立林都督行辕

光复后的两江总督署大堂

1911年12月，江浙联军官兵在总督署西花园石舫留影

1911年12月30日，孙中山在上海同生照相馆拍摄的标准像

1911年12月29日，十七省代表选举孙中山为中华民国临时大总统，图为选举会的合影

临时大总统府办公室（1910年端方修建的总督署西花厅）外景

就职时的孙中山

中华民国临时大总统印文

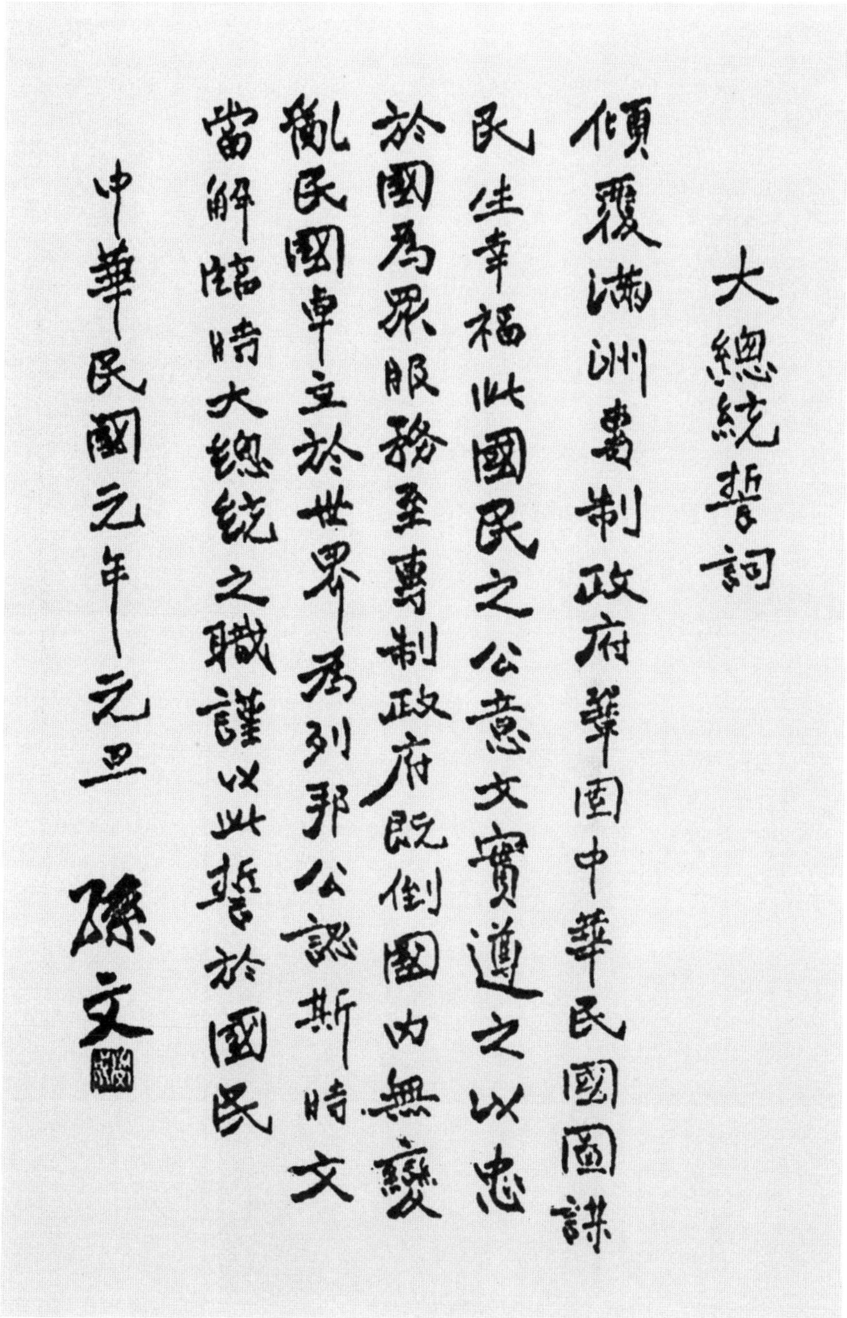

大總統誓詞

傾覆滿洲專制政府鞏固中華民國圖謀
民生幸福此國民之公意文實遵之以忠
於國為眾服務至專制政府既倒國內無變
亂民國卓立於世界為列邦公認斯時文
當解臨時大總統之職謹以此誓於國民

中華民國元年元旦 孫文

大总统誓词

临时大总统孙中山与同仁合影

孙中山与儿子孙科

南京总统府大门

临时参议院议决，以五色旗为民国国旗。五色，寓意汉满蒙回藏“五族共和”

民国海军旗青天白日旗

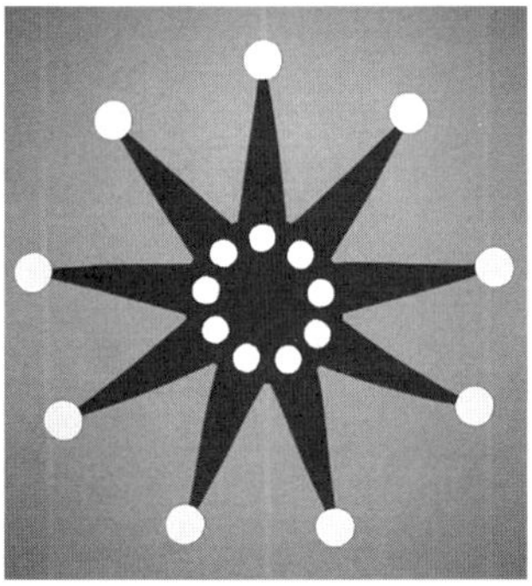

民国陆军旗铁血十八星旗

清朝黄龙旗成为历史

1912年2月5日，孙中山在内阁会议后留影

1912年1月21日，孙中山在西花厅总长会议室主持召开第一次内阁会议。因部分总长未到任，多由次长掌权，故有“次长内阁”之称

孙中山、黄兴与陆军部官佐在总统府西花厅合影

1912年1月9日，孙中山、黄兴与参谋部官佐合影

总统府秘书长胡汉民

孙中山、胡汉民等与秘书处官员合影

临时政府财政部

临时政府秘书处

临时参议院议长林森

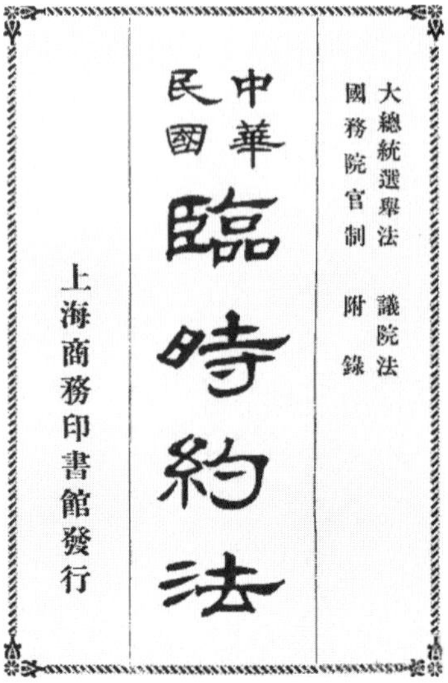
中華民國
臨時約法
大總統選舉法
議院法
國務院官制
附錄
上海商務印書館發行

《中华民国临时约法》书影

1912年1月28日，中华民国临时参议院成立合影

孙中山与卫士

孙中山的大总统办公室

总统府内的孙中山起居室

孙中山与夫人偕儿女及宋蔼龄合影

孙中山的儿子孙科，女儿孙婉、孙娫

孙中山致力于服饰改革，身体力行

军人上街执行“剪辫通令”

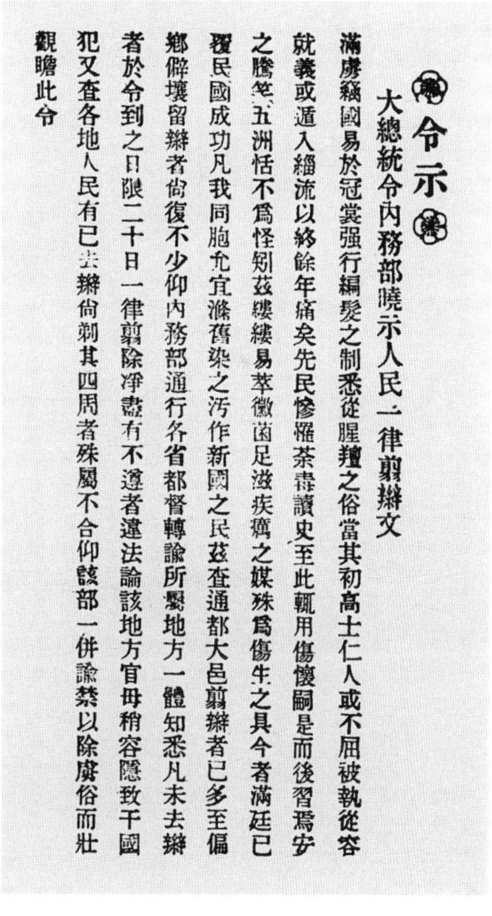

令示

大總統令內務部曉示人民一律翦辮文

滿虜竊國易於冠裳强行編髮之制悉從腥羶之俗當其初高士仁人或不屈被執從容就義或遁入緇流以終餘年痛矣先民慘罹荼毒讀史至此輒用傷懷嗣是而後習焉安之騰笑五洲恬不爲怪矧茲縷縷易萃微菌足滋疾癘之媒殊爲傷生之具今者滿廷已覆民國成功凡我同胞允宜滌舊染之汚作新國之民茲查通都大邑翦辮者已多至偏鄉僻壤留辮者尚復不少仰內務部通行各省都督轉諭所屬地方一體知悉凡未去辮者於令到之日限二十日一律翦除凈盡有不遵者違法論該地方官毋稍容隱致干國犯又查各地人民有已去辮尚剃其四周者殊屬不合仰該部一併諭禁以除虜俗而壯觀瞻此令

剪辫通令

令示

大總統令禁烟文

鴉片流毒中國垂及百年沉溺通於貴賤流衍徧於全國失業廢時耗財殞身浸淫不止種姓淪亡其禍蓋非敵國外患所可同語而嗜者不察本總統實甚恐之自滿清末年漸知其病種植有禁公膏有征亦欲剷除舊汚自盡前愆在下各善社復爲宣揚倡導匡引不逮故能成效漸彰黑籍衰減方今民國成立炫燿宇內發憤爲雄斯正其時若於舊染錮疾不克拔滌淨盡雖有良法美制豈能恃以圖存爲此申告天下須知保國存家匹夫有責束修自好百姓與能其有飲鴆自安沉湎忘返者不可爲共和之民當咨行參議院于立法時剝奪其選舉被選一切公權示不與齊民齒并由內務部轉行各省都督通飭所屬官署重申種吸各禁勿任廢弛其有未盡事宜仍隨時釐畫舉辦尤望各團體講演諸會隨分勸導不憚勤勞務使利害大明趨就知向屏絕惡習共作新民永雪亞東病夫之恥長保中夏清明之風本總統有厚望焉

禁烟通令

大總統令內務部通飭各省勸禁纏足文

纏足之俗由來殆不可考起於一二好尚之偏終致滔滔莫易之烈惡習流傳歷千百歲害家凶國莫此爲甚夫將欲圖國力之堅強必先圖國民體力之發達至纏足一事殘毀肢體阻閼血脈害雖加於一人病實施於子姓生理所證豈得云誣至因纏足之故動作竭蹶深居簡出教育莫施世事罔問遑能獨立謀生共服世務以上二者特其大端若他弊害更僕難數曩者仁人志士嘗有天足會之設開通者已見解除固陋者猶執成見當此除舊布新之際此等惡俗尤宜先事革除以培國本爲此令仰該部速行通飭各省一體勸禁其有故違禁令者予其家屬以相當之罰切切此令

劝禁缠足通令

臨時大總統令

滿清末年仕途腐敗已達極點親貴以財賄招誘於上士夫以利祿市易於下奔競之謀相師成風脂韋突梯恬不知恥以致君子在野自好不爲事無興治民不聊生踵循不悛以抵滅亡民國成立萬端更始舊日城社掃除略盡肅整吏治時不可失然而法制未班考試未行干進者有乘時竊取之心用人者有高下隨心之便一或不慎弊將有甚滿洲之季者治亂之分端在於此言念前途能無兢兢南京臨時政府草創之際各處奔走疏附來求一地位者當不乏人以此苟得之心遂開詐僞之習或本舊吏而冒稱新材或甫入校而遽號畢業蒙混誣枉得之爲能雖轉瞬統一政府成立此地各官署立即取消然使不肖者得持此以爲進身之具其遺患方來何可數計爲此令仰該部總次長等於用人之際務當悉心考察慎重銓選勿使非才濫竽賢能遠引是爲至要又查各部薦任各員每有以一人而兼兩職者殊非慎重職務之道薦者不知是爲失察受者不自是爲冒利胥無取焉以後除有特別緣故外不得兼職以肅官方而飭吏治切切此令

外交部總長王寵惠知照

孫文

中華民國元年三月二十日

孙中山签署的“整顿吏治令”

孙中山与总统府职员合影

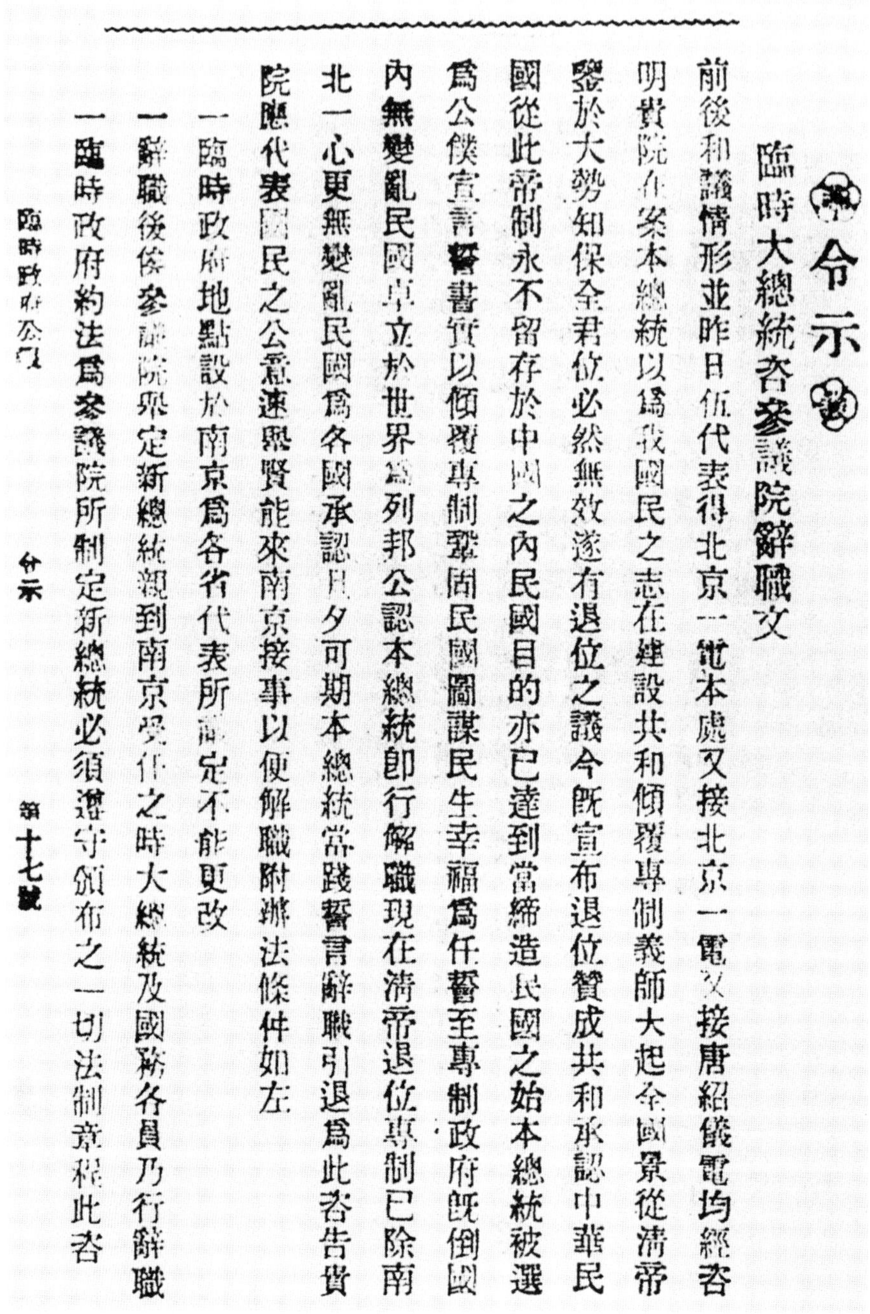

令示

臨時大總統咨參議院辭職文

前後和議情形並昨日伍代表得北京一電本處又接北京一電又接唐紹儀電均經咨明貴院在案本總統以爲我國民之志在建設共和傾覆專制義師大起全國景從清帝鑒於大勢知保全君位必然無效遂有退位之議今既宣布退位贊成共和承認中華民國從此帝制永不留存於中國之內民國目的亦已達到當締造民國之始本總統被選爲公僕宣言誓書實以傾覆專制鞏固民國圖謀民生幸福爲任誓至專制政府既倒國內無變亂民國卓立於世界爲列邦公認本總統卽行解職現在清帝退位專制已除南北一心更無變亂民國爲各國承認旦夕可期本總統當踐誓言辭職引退爲此咨告貴院應代表國民之公意速舉賢能來南京接事以便解職附辦法條件如左

一臨時政府地點設於南京爲各省代表所議定不能更改

一辭職後俟參議院舉定新總統親到南京受任之時大總統及國務各員乃行辭職

一臨時政府約法爲參議院所制定新總統必須遵守頒布之一切法制章程此咨

臨時政府公報　令示　第十七號

孙中山向参议院提出辞职咨文

辞职时的孙中山

1912年3月底，孙中山介绍北洋总理唐绍仪加入同盟会。图为二人在总统办公室前合影

孙中山与唐绍仪、胡汉民等在秘书处前合影

孙中山、唐绍仪与总统府军政人员合影

孙中山解职前，为粤军烈士墓题写的碑文

1912年3月5日，孙中山出席追悼粤中倡义死难诸烈士大会

解职后的孙中山

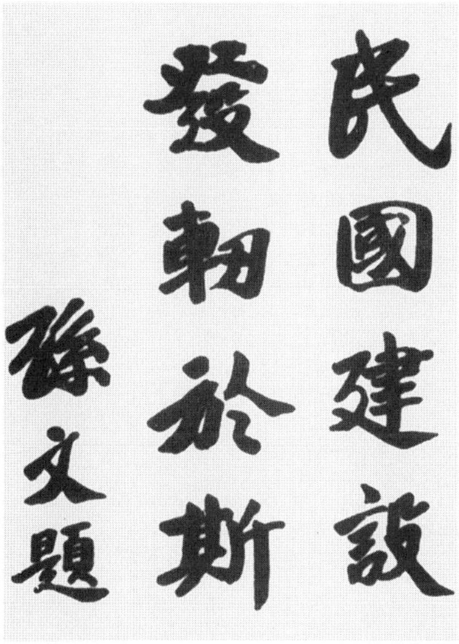

孙中山的题词

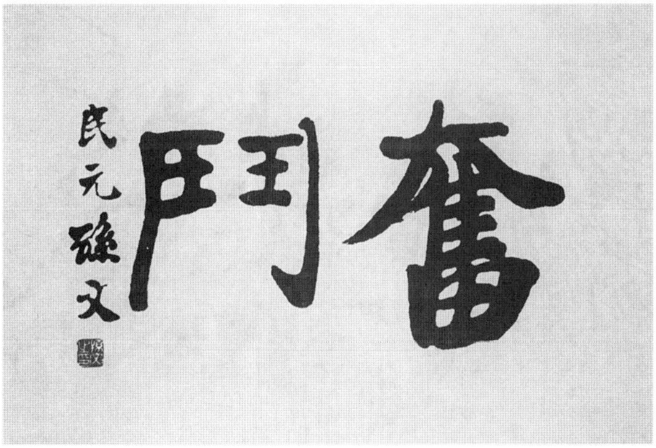

1912年4月3日，军队在总统府列队送别孙中山离开南京

1912年4月3日，孙中山乘车离开总统府

北洋政权的频繁更迭

1912年4月，北京政府任命黄兴为南京留守府留守。6月，江苏都督府由苏州移驻南京，直至1913年7月『二次革命』反袁兵败。9月，张勋率军攻陷南京。前后十多年，各路军阀纷纷在此角逐，这里先后成为江苏都督府、督军署、将军署、副总统府、督办公署、宣抚使署、五省联军总司令部、直鲁联军联合办事处等机构，政权、主官更迭极为频繁，政局更加动荡。

南京留守府留守黄兴

THE REPUBLICAN CHINESE TELEGRAPH ADMINISTRATION.

Telegrams accepted for all Telegraph Stations in the World

STATION.

TELEGRAM Nr. Class Words.

THE REPUBLICAN CHINESE T H ADMINISTRATION.

Telegrams accepted for all Telegrap. Stations he World

STATION.

TELEGRAM Nr. Class Words.

黄兴任留守期间给孙中山的电报，告知南京的军事动态

黄兴印鉴及南京留守府、讨袁军关防

黄兴及留守府官兵在大堂合影

黄兴夫人徐宗汉与留守府军人合影

江苏都督程德全

江苏代理都督庄蕴宽

1912年10月10日，江苏都督府在大堂前举行辛亥革命一周年纪念活动

1913年，江苏都督程德全（右二）和北洋总理熊希龄（右三）等在督府西花园石舫

1913年7月任江苏讨袁军总司令的黄兴

黄兴（中）在留守府西花园

数度占领都督府、自封为讨袁军临时总司令的何海鸣

何海鸣与讨袁军官兵合影

辫帅——张勋

攻破南京城的辫军

1913年12月至1917年8月，先后任江苏都督、江苏将军、江苏督军、中华民国副总统的冯国璋

1916年，冯国璋任副总统时佩戴的纪念章（正反面）

1917年7月任江苏代理督军的齐耀琳

1917年8月至1920年10月任江苏督军的李纯

1920年10月至1924年12月任江苏督军的齐燮元

1924年12月至1925年1月任江苏代理督办的韩国钧

1925年1月至8月任江浙宣抚使的卢永祥

1925年8月至11月任江苏军务督办的杨宇霆

1925年11月任江苏军务督办、后任五省联军总司令的孙传芳

1927年3月任直鲁联军联合办事处主任的张宗昌

北洋军在校场操练

南京国民政府的十年

1927年4月18日，国民政府在原中华民国临时参议院成立，9月底移驻原江苏督军署办公。国民革命军总司令部与北伐军总司令部曾在西花园合署办公。国民政府初设四常委，至1928年改组后，谭延闿、蒋介石、林森先后任国民政府主席；辟国府东院为行政院，谭延闿、蒋介石、汪精卫等先后为行政院长。参谋本部和主计处设在西花园。1937年11月，国民政府西迁重庆。

“中华民国国民政府印”印文

“中华民国之玺”玺文

1927年4月18日，国民政府在原中华民国临时参议院成立。图为成立典礼合影

设于原中华民国临时参议院的国民政府大门

1927年4月18日,国民政府建都南京典礼举行。张人杰、胡汉民、伍朝枢、古应芬为国府常委。前排左起为蒋介石、萧佛成、蔡元培、吴稚晖、伍朝枢、胡汉民、王宠惠

国民政府常委古应芬

国民政府常委胡汉民

委員會委員
此狀
常務委員 胡漢民
古應芬
伍朝樞
張人傑
中華民國十六年八月五日

国民政府常委伍朝枢

国民政府常委张人杰

四常委签署的简任状

國民政府

门楼匾额“国民政府”四字由谭延闿所书（一说为其弟谭泽闿手笔），门楼顶部旗杆基座为复式造型，东、西、北三面为镂空女墙

1929年12月落成的国民政府大门，由建筑师姚彬设计绘图，文达工程建筑公司中标承建。总造价为2.9455万元。新建的大门是典型的西方古典门廊式建筑，朝南立面的外部采用八根古希腊爱奥尼柱式构图。三座拱形门外圆内方，含有诸多中国元素

1928年2月至10月任国民政府主席的谭延闿，谭擅长书法

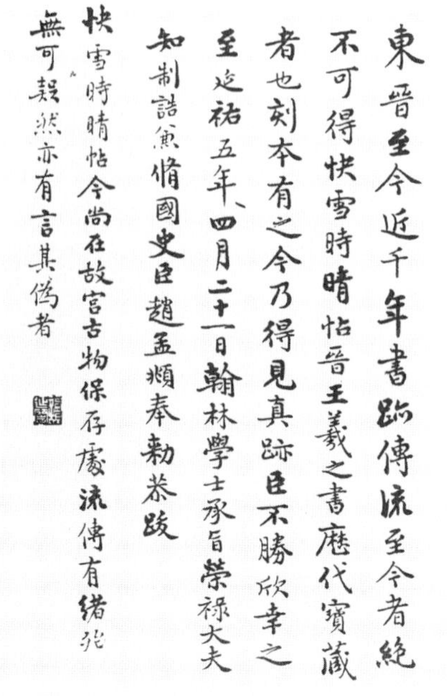

谭延闿的书法

1928年2月在国民党中执会二届四中全会上,谭延闿、蒋介石、于右任、蔡元培、张人杰等合影

1928年10月至1931年12月任国民政府主席的蒋介石，集党政军大权于一身

1928年10月，蒋介石任国府主席后，与夫人宋美龄在国民政府首次接见外宾（丹麦太子夫妇）

1931年12月，林森代理国民政府主席，1932年1月1日正式就任，连任至1943年。国民政府组织法规定，“国民政府主席不负实际责任”

1932年1月1日，林森就任国民政府主席时在国府大堂与五院院长等合影。左起陈公博、朱培德、黄汉梁、刘瑞恒、叶恭绰、陈绍宽、何应钦、陈铭枢、林森、孙科、于右任、覃振、陈友仁、李文范、石青阳等

1928年10月21日，国民政府司法院正副院长暨文官长、参军长、各局长就职宣誓典礼合影。左八起冯玉祥、谭延闿、蒋介石、王宠惠、胡汉民、张继、伍朝枢、李济深、何应钦、叶楚伧

1928年10月25日，国民政府行政院正副院长暨各部部长在国府大礼堂就职典礼合影，孔祥熙、伍廷芳、谭延闿、蒋介石、蔡元培、胡汉民、冯玉祥、林森、孙科、宋子文、李济深、何应钦、朱培德等到会并合影

1929年12月，蒋介石在国民政府召开“国军编遣会议”。图为会议代表在煦园合影

1929年10月10日，国民政府阅兵典礼合影。左起蒋介石、谭延闿、胡汉民、林森、戴季陶、赵戴文

1929年改建后的国府礼堂

1931年4月，国民政府主计长兼岁计局长陈其采（前立者）及各主计官，岁计、会计、统计局各局长等，在国府大礼堂宣誓就职

1931年1月19日，国府警卫师师长、副师长、旅长就职典礼合影

1935年8月1日，孔颜孟曾四圣奉祀官在国府就职时合影

為完全自由行使職權
國府移駐洛陽辦公
望軍政長官同心協力各盡所職
全國民衆須勇毅沉着共赴國難
務使暴力無所施正義得以申

政府要人
赴洛陽主持
何應欽維持首都治安
羅文幹電京主持外交

英美對滬

《中央日报》关于国民政府移驻洛阳的报道

1932年1月28日，淞沪战争爆发。1月30日，林森率国民政府离开南京西迁洛阳，同年12月迁回南京

1930年国民政府庆祝元旦合影

1937年1月1日，国民政府在大礼堂举行授勋仪式

1934年2月，九世班禅（左二）就任国府委员时与国民政府主席林森等人在大堂合影

国府主席林森在国民政府册封安钦呼图克图（右三）典礼上与众人的合影

1931年9月21日，蒋介石与宋美龄在国民政府接见来华救灾的美国飞行员林德伯格夫妇

1933年3月6日，英国新任驻华公使开设递交国书后，步出国民政府礼堂

1935年9月14日，德国首任驻华大使陶德曼在国民政府呈递国书

1933年5月2日，苏联大使鲍格莫洛夫（左二）在国府递交国书时与国民政府主席林森等合影

1932年3月，李顿调查团来中国调查九一八事变真相。图为调查团在国民政府

蒋介石在国民政府宴请李顿调查团成员

1936年5月，行政院院长蒋介石在国民政府会见日本大使川樾茂（右二）

国民政府主席林森（左三）在国府接见意大利驻华大使（右二）罗亚谷诺

1935年9月17日，美国大使詹森（左三）在国民政府递交国书后，与国府主席林森等合影

1936年，外交部部长张群（中）等会见挪威公使高兰（左）

1935年12月，国民政府办公楼落成。该楼系国民政府主席林森任上所建，林森字子超，故又称“子超楼”。该楼为总统府的主体建筑，位于大院中轴线北端。由中央大学建筑系虞炳烈教授设计，鲁创营造厂承建，整个工程耗资106952元。该楼设计摒弃了传统的宫殿大屋顶式样，立面采用西式的建筑平面组合与立体构图，呈完全对称形，色调简洁明快，属典型的公共行政建筑，为中国新民族建筑的代表作

国民政府东花园喷泉，为办公楼的配套设施

1928年10月，国民政府行政院成立，设在国府东院。图为20世纪30年代落成的行政院大门，“行政院”三字为谭延闿所书

国民政府行政院办公楼（北楼）

1934年3月30日，参加庚款机关联席会议第二次会议的人员在行政院新办公楼前合影

1934年的行政院会议室

行政院总办公厅

行政院阅览室

1931年11月26日，京沪平杭学生在国府门前示威，要求政府出兵抗日

1931年12月，监察院长于右任在国民政府院内向请愿学生发表讲话

1931年12月，涌入国府大院的青年学生们要求政府出兵抗日

1935年12月，南京高校学生响应北平“一二·九”运动，在国府门前游行示威

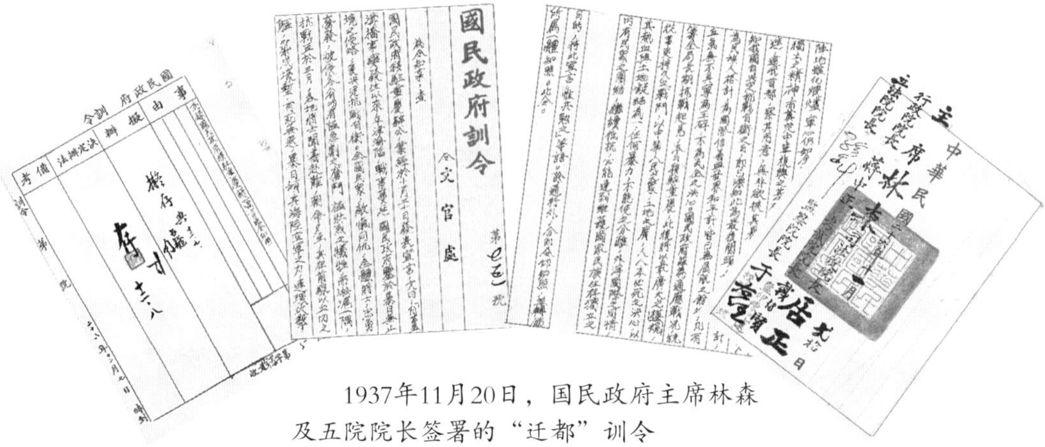

1937年11月20日，国民政府主席林森及五院院长签署的“迁都”训令

迁都前的国民政府大门

南京沦陷　日伪统治

1937年12月，南京沦陷。国民政府及行政院先后沦为日伪军政机关。日军以此为第十六师团（中岛部队）本部驻地。此后，伪维新政府及行政院在此成立。汪伪政府成立后，在此设立立法院、考试院、监察院、铁道部、交通部、军事参议院等机关。

1937年12月，日军占领国民政府，在国府大门悬挂巨幅太阳旗，以炫耀武力

1937年12月17日，日军在中山门至国民政府门前举行“入城式”

1937年的圣诞节，中岛部队将原国民政府占为本部驻地

南京沦陷后，日军在国民政府行政院大门前

国民政府沦于日军之手后，礼堂一片狼藉

日军将军用物资堆放在国民政府前院

1938年3月28日，日军在华中扶植的傀儡政权中华民国维新政府在原国民政府成立

1938年10月10日，伪维新政府官员与日军军官在原国民政府办公楼前合影

日酋山田在成立典礼上致辞

伪维新政府成立典礼后日伪官员合影

伪维新政府成立典礼结束后，维府官员在原国民政府办公楼前合影

伪维新政府成立

伪维新政府行政院院长梁鸿志

伪维新政府的“内阁”会议

伪维新政府官员在国府院内升旗

伪维新政府警卫大队在院内举行列队仪式

汪伪政府交通部和铁道部

汪伪政府军事参议院

汪伪政府立法院、考试院、监察院

还都后的国民政府

1946年5月，国民政府还都南京，政治、军事、外事活动及各种会议频繁。1948年5月『行宪国大』召开，蒋介石、李宗仁分别当选为总统、副总统，国民政府改称总统府。蒋介石下野后，李宗仁代理总统一职。

1946年还都时整修过的国民政府大门，旗杆基座南立面改为山形女墙，正中镶嵌新题写的“国民政府”四字

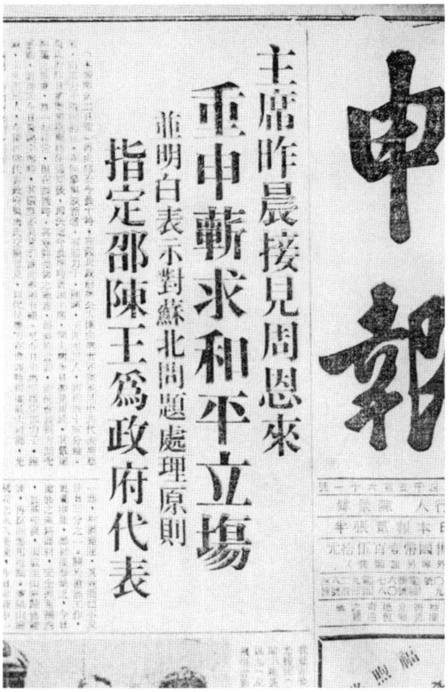

申報

主席昨晨接見周恩來

重申蘄求和平立場

並明白表示對蘇北問題處理原則

指定邵陳王爲政府代表

国民政府还都后，国共和谈的中心由重庆移至南京。这是1946年7月《申报》关于周恩来与蒋介石在国民政府举行会谈的报道

1946年国民政府还都南京后，修葺一新的国府礼堂

1946年5月，国民政府还都后组织的童子军游行

还都后，国民政府在礼堂举行“总理纪念周”

1948年元旦，国民政府举行新年团拜会

1946年 5 月国民政府还都后，蒋介石在国民政府长廊检阅仪仗队

1946年7月，陈诚、宋子文在国民政府检阅仪仗队

1946年10月10日，国民政府门前的庆祝活动

1947年4月23日，国民政府委员会改组会议在子超楼国务会议厅举行

1947年1月16日，波兰公使魏登涛在国民政府递交国书后步出礼堂

1947年5月13日，尼泊尔王国克利兴诺将军向国民政府呈递尼国王信函及最高勋章时检阅仪仗队

1947年9月19日，蒋介石接见捷克大使

外国来使的专车由宪兵警察护送进入总统府

蒋介石接见玻利维亚大使

1948年，蒋介石与宋美龄在总统府会见美军顾问团团长巴大维

1948年3月5日，蒋介石接见奥地利公使施德曼

1948年中，蒋介石在会客室会见来访的外国军事要人

1948年6月1日，苏联驻华大使罗申（右二）在总统府递交国书

1948年，新到任的土耳其驻华大使在总统府呈递到任国书

缅甸大使密登在总统府呈递国书

1948年，外交部部长王正廷会见美国大使司徒雷登等

总统府车队

副总统李宗仁与夫人郭德洁合影

1948年5月20日，蒋介石当选总统后与夫人宋美龄合影

副总统李宗仁与夫人郭德洁合影

1948年4月“行宪国大”期间，蒋介石等在礼堂

1948年5月“行宪国大”后，蒋介石在总统府办公室

总统、副总统就职仪式结束后，蒋介石、宋美龄、李宗仁、郭德洁在礼堂休息室交谈

1948年5月“行宪国大”后，大门门楼上的“国民政府”四字被取下，取而代之的是由著名书法家、考试院副院长周钟岳题写的“总统府”三字

1948年10月10日，蒋介石在总统府举行的庆典仪式上讲话

1948年10月10日的总统府大门

1948年5月20日总统、副总统就职仪式结束后，蒋介石、李宗仁与国民党党政军要人在子超楼前合影。这是国民党在大陆的最后一张“全家福”

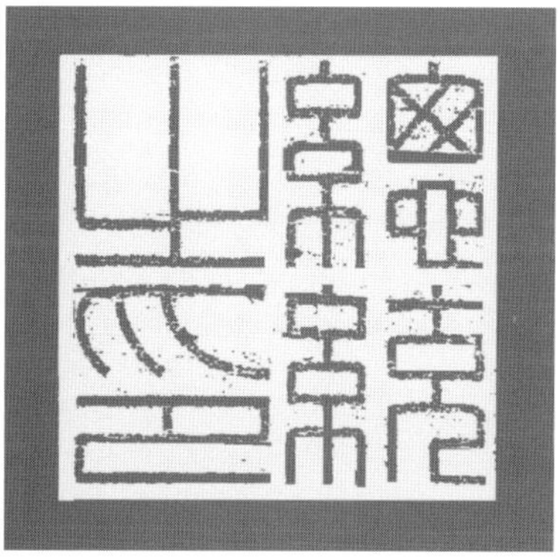

“总统之印”印文

1949年1月21日，蒋介石下野，李宗仁代理总统一职

1949年1月，总统府秘书长吴鼎昌辞职，与同仁在子超楼前留影

1949年1月，代总统李宗仁在总统府会见美国大使司徒雷登

代总统李宗仁在总统府会见外宾

1949年4月1日，南京学生在总统府门前举行“反内战”“要和平”示威

李宗仁在总统府接见邵力子等和平人士

人民解放军占领总统府

1949年4月23日，南京解放。24日凌晨，人民解放军占领总统府。国民党在中国大陆的统治宣告结束，从此开始了历史的新纪元。

解放军战士冲入总统府

总统府办公室内凌乱不堪

总统办公室的台历定格在4月23日

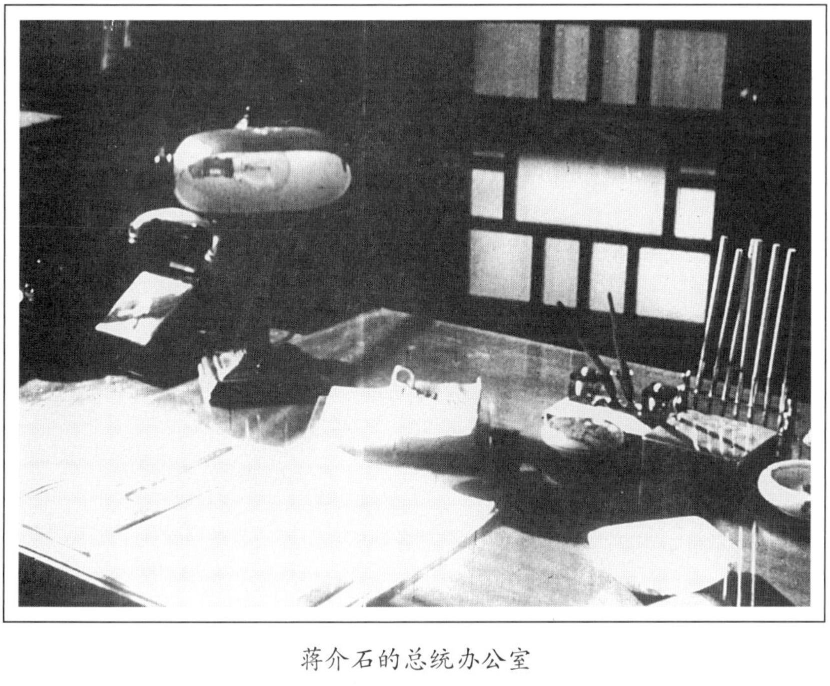

蒋介石的总统办公室

解放军官兵在总统府大院中休整

1949年4月，南京各界在总统府门前欢庆解放

解放军战士在总统府中轴线站岗

解放军占领总统府后的国务会议厅

1949年5月1日，解放军第二野战军司令员、南京市市长刘伯承在总统府接见率领国民党海军第二舰队起义的舰队司令林遵少将等人

1949年4月24日凌晨，中国人民解放军占领总统府，标志着一个新时代的开始

解放军占领总统府后，降下了青天白日旗

总统府历史沿革表

（1368—1949年）

明朝			
归德侯府	归德侯（汉王）	陈 理	1368
黔宁王府	黔宁王	沐 英	1377
汉王府	汉 王	朱高煦（明成祖朱棣次子）	1404
清朝			
两江总督署（江南总督署）	总 督	郎廷佐 尹继善等	1665—1853
太平天国天朝宫殿（天王府）	天 王	洪秀全	1853—1864
两江总督署	总 督	曾国藩 张人骏等	1864—1911.12
林都督行辕	都 督	林述庆	1911.12
江浙联军总司令部	总司令	徐绍桢	1911.12
中华民国临时政府			
总统府	临时大总统	孙中山	1912.1.1—1912.4.1

中华民国政府（北洋）			
南京留守府	留　守	黄　兴	1912.4.1—1912.5.31
江苏都督府	都　督	程德全	1912.6.14—1913.7.16
江苏都督府	都督（代）	庄蕴宽	1913
江苏讨袁军总司令部	司　令	黄　兴	1913.7.15—1913.7.28
江苏都督府	都督（代）	章　梓	1913.7
江苏讨袁军总司令部	司　令	何海鸣	1913.8.8—1913.9.1
江苏都督府	都　督	张　勋	1913.9.1—1913.9.12
江苏都督府	都　督	冯国璋	1913.12—1914.6
江苏将军府	将　军	冯国璋	1914.6—1916.7
江苏督军署	督　军	冯国璋	1916.7—1917.8
中华民国副总统府	副总统	冯国璋	1916.10—1917.8
江苏督军署	督军（代）	齐耀琳	1917.7
江苏督军署	督　军	李　纯	1917.8—1920.10.12
江苏督军署	督　军	齐燮元	1920.10.15—1924.12.11
江苏督军署（督办公署）	督办（代）	韩国钧	1924.12—1925.1
江苏督办公署（宣抚使署）	督办（宣抚使）	卢永祥	1925.1—1925.8
江苏督办公署	督　办	郑　谦	1925.8

江苏督办公署	督　办	杨宇霆	1925.8—1925.11
江苏督办公署 （后称五省联军总司令部）	督办 （总司令）	孙传芳	1925.11.25—1927.3.24
直鲁联军联合办事处	主　任	张宗昌	1927.3.19—1927.3.24
中华民国国民政府			
国民革命军总司令部 （北伐军总司令部）	总司令	蒋介石	1927.3
国民政府军事委员会	主席团委员	蒋介石 李宗仁等	1927.4
国民政府	常务委员	胡汉民　古应芬 伍朝枢　张人杰	1927.4.18—1927.9.17
国民政府	常务委员	汪兆铭　谭延闿 胡汉民　蔡元培 李烈钧	1927.9.17—1928.1
国民政府	常务委员	汪兆铭　谭延闿 胡汉民　蔡元培 李烈钧　于右任 蒋介石　孙　科 林　森	1928.1—1928.2
国民政府	主　席	谭延闿	1928.2—1928.10
国民政府	主　席	蒋介石	1928.10—1931.12.15
国民政府	主席（代）	林　森	1931.12.15
国民政府	主　席	林　森	1932.1.1—1932.1.31
国民政府（洛阳）	主　席	林　森	1932.1.31—1932.12.1

国民政府	主　席	林　森	1932.12.1—1937.11
国民政府（重庆）	主　席	林　森	1937.11—1943.8
国民政府（重庆）	主　席	蒋介石	1943.8—1946.5
南京沦陷（日伪政权）			
日军第十六师团部（中岛部队）	师团长	中岛今朝吾	1937.12—1938.3
伪维新政府行政院	院　长	梁鸿志	1938.3.28—1940.3.30
汪伪政府监察院	院　长	梁鸿志	1940.3.30—1944.11
汪伪政府监察院	院　长	顾忠琛	1944.11—1945.8
汪伪政府立法院	院　长	陈公博	1940.3.30—1944.11
汪伪政府立法院	院　长	梁鸿志	1944.11—1945.8
汪伪政府考试院	院　长	王揖唐	1940.3.30—1942.3
汪伪政府考试院	院　长	江亢虎	1942.3—1945.8
中华民国国民政府 总统府			
国民政府	主　席	蒋介石	1946.5—1948.4.18
总统府	总　统	蒋介石	1948.4.19—1949.1.21
总统府	代总统	李宗仁	1949.1.21—1949.4.23

